Poetische

Gedankenwelt

Herstellung: Books on Demand GmbH

ISBN 3-8311-3616-5

Ingo Fischer:
Poetische Gedankenwelten

Heike Gauch
Hans Stählin
Alexandra H.

Vorwort

Vor 7 Jahren habe ich mein Talent zu Schreiben entdeckt. Ich habe meine Gedanken zu Papier gebracht. Ich konnte vieles aus meinem Leben damit verarbeiten. Zunächst schrieb ich nur für mich alleine in meinen eigenen vier Wänden. Später lies ich andere Menschen an meinen Gedanken teil haben.
Diese ermunterten mich weiter zu schreiben und meine Gedichte/Gedanken der Öffentlichkeit nahe zu bringen.
Im Jahr 1995 erschien ein Weihnachtsgedicht von mir in einer großen Lokalzeitung. Das war ein erster großer Schritt meine Gedichte zu präsentieren.

Im Jahr 1998 entdeckte ich die große Welt des Internets. Dies war für mich eine weitere Möglichkeit meine Gedichte zu zeigen, aber auch andere Poeten kennenzulernen.
Im August 2000 gründete ich bei dem Anbieter Yahoo einen eigenen Klub nur für Gedichte.
Dort haben verschiedene Autoren die Möglichkeit ihre Gedichte und Poesien vorzustellen und auch zu bestimmten festgelegten Themen ihre Kunst unter Beweis zu stellen.

Da diese Beiträge besonders gut waren, kam mir die Idee ein Buch zu schreiben . Anderen Menschen sollen die Möglichkeit bekommen wunderschöne Gedichte von mir und meinen Mitautoren Heike, Alexandra und Hans zu lesen.

Ich bin sehr stolz, das dieses Projekt zu Stande gekommen ist und das es eine Möglichkeit gibt, unsere Kunst zu präsentieren.
Wir danken allen Menschen, die an uns glauben und uns für unsere Gedichte/Gedanken inspiriert haben.

Ingo

Gemeinsame Themen: Selbstporträt

Ingo:

Wer bin ich?

Es ist schwer sich selbst zu beschreiben
Zu selbstkritisch oder selbst verliebt
Was ist wichtig für mich?
Was mögen andere Menschen?
Zu viele Charaktere in einem Körper
Äußerlichkeiten sind so nebensächlich
Mögen tue ich mich selber nicht
Andern tue ich es nicht. Es ist einfach so
Viele mögen meine Augen. Für die kann ich
nichts
Wichtig für mich ist Ehrlichkeit und Treue
Zwei wichtige Dinge in meinem Leben
Einfach ist das nicht
Aber befolgen tue ich das
Lachen gehört zu meinem Leben
Lache gerne und bringe andere dazu
Bin gefühlvoll und emotional
Romantisch, einfühlend, sensibel und ein
Beobachter
Ich nehme vieles wahr, gehe darauf ein und
genieße es
Helfe gerne, weil oft alleine gelassen
Immer auf dem Weg zu Lösungen
Um die eigenen Wege zu verlassen
Mich zu begreifen ist nicht leicht
Nicht gradlinig, wechselhaft
Ein großes Herz mit viel Gefühl
Das lohnt sich mehr
Als jede Äußerlichkeit
Ich bin stolz auf mich
Bin ich das?
oder Bin das ich?

Heike:

Farben- die Welt in mir

Stellt euch einen Malkittel vor.
Fast täglich wechselt die Intensität der Farben,
die sich fest mit dem Gewebe verbunden haben.
Manche sind schon alt, verblaßt
und waren dunkel.

Jetzt ist mein Malkittel vorwiegend gelb.
Gelb wie die Sonne,
so fröhlich, strahlend und lachend.
Zuversicht, Freude und Frohsinn
sind Hauptbestandteile meines Lebens.

Dann gibt es die dunkleren Farben,
grau oder schwarz,
wie ein wolkenverdeckter Himmel,
demnach Geheimnisse und Ängste bewahrend,
launig, grüblerisch und nervend.

Grün und blau gesprenkelte Stellen zeigen
Ruhe, Hoffnung und Klarheit,
es geht mir gut, ich sehe wie sich mir neue Wege
eröffnen,
kann helfen und Stütze sein.
Rotbemalte mit orange und gelb vermischte Stellen
gibt es auch,
dort fühle ich Wärme,
dort weiß ich, daß ich liebe und geliebt werde.
Viele Mischfarben zieren meinen Kittel.
Sie stehen für Stolz, Kollegialität, Hilfsbereitschaft, Liebe,
Humor
Einsicht und Toleranz;

aber auch für Härte, Konsequenz, Vergeßlichkeit und
Selbstkritik.

Weiße Stellen gibt es wenige
und doch sind sie ein Teil meines Kittels.
Anpassung, Leere, Selbstzweifel und das Gefühl
von Bedeutungslosigkeit spiegeln sich da.

Mein Malkittel – meine Farben
Mein Leben – mein ICH.

Fast alle Farben sind darauf,
ein herrlich bunter Kittel,
auf dem mal die eine oder die andere Farbe vorherrscht.

Alle Farben zusammen bilden MICH
Und doch –
so ein bunter Kittel ist nicht jedermans Fall.
Entweder man mag mich oder man mag mich nicht.
Wenn man mich nicht mag,
sollte man mich in Ruhe lassen.

Meistens strahlen meine Farben, - aber
sind sie mal blaß und gedeckt,
so sind sie jedoch immer noch da
und immer wieder bereit sich auffrischen zu lassen.

In meinem bunten Malkittel fühle ich mich wohl.

Alexandra:

Eine andere Welt

Eine Figur die klopft
An die Tür des Schwarzen
Und bittet eintreten zu dürfen.
Weiß nicht wohin,
Hab mich abgesondert vom Licht
Und bin nun übergegangen
In eine andere Welt.
Toleranz und Verständnis
Sind hier sehr wichtig.
Ich denke beides zu besitzen
Und dies noch zu erweitern
Die, die mit mir reden
Sind meist überrascht,
Da es sie wundert
Wie ich die Dinge des Lebens sehe
Und darüber nachdenke.
Dies ist nicht das Ende,
Wie ich meist schon gedacht
Es wird noch viel passieren,
enn ich bin nun in eine neue Welt gekommen.

Hans:

Wer bin ich?

Wer bin ich? – was für eine Frage!
Ich stell' sie mir nicht alle Tage,
doch nun soll ich in Wochenfrist,
erzählen, wer der bobbili ist.
Alter, Beruf, Familienstand -
die Daten habe ich schnell zur Hand.
doch dies kann lesen, wenn er will,
ein jeder im Yahoo-Profil.

Doch ganz so einfach wie gedacht,
wird mir es heut' wohl nicht gemacht!
Ich soll sicher mehr in die Tiefe geh'n,
als offenes Buch hier vor euch steh'n -
das fällt mir schon ein bißchen schwer,
kenn' ich mich doch manchmal selbst nicht so sehr!
Um euch etwas über mich zu schildern,
arbeite ich jetzt mit einigen Bildern:

Ich bin manchmal ein Chamäleon,
mit meiner Umwelt Ton in Ton,
der bobbili ist dann angepaßt,
was er meist an sich selber haßt.
So lebt sich's ruhig - aber nur für'n Moment,
ob ihr das nicht von euch selber kennt?

Doch es gibt auch zu meinem Glück,
immer wieder den Augenblick,
wo ich mich als Leuchtturm sehe,
Tag und Nacht, in Fern' und Nähe
standhaft bleibe mit meinem Willen,
meine Bestimmung hier zu erfüllen.

Ich komm mir auch öfter wie'n Hofnarr vor,
bilde mir ein, ich hätte Humor,
kann sehr gut über mich selber lachen -
noch mehr über das, was andere machen.
Die Leute sollen merken, so mancher Gag
hat einen heilsamen, lehrreichen Zweck.

Weiter bin ich oft Marionette
hänge an anderer Leute Kette,
an Fäden wie "Regeln" und "Konventionen" –
würde am liebsten die Schere holen
und diese Fäden einfach zerschneiden,
doch würd' ich dann wohl an zuviel Freiheit leiden.

Ich bin ein Stück weit auch Bergkristall.
Von außen scheint er hart wie Stahl,
doch wenn man ihn von innen erblickt,
wird man vielleicht ein wenig entzückt.
Doch dafür muß man ihn erst mal knacken,
und übergehen seine Macken.

Dann kenne ich mich noch als Wasserrohr –
das kommt euch sicher seltsam vor!
Ich möchte gerne das weitergeben,
was ich Schönes darf erleben,
denn würde ich alles für mich behalten,
würde das Wasser schnell veralten,
es wäre nicht mehr lange zum Trinken
und würde bald nach Abwasser stinken!

Ich bin ein Teil höhere Mathematik,
denn ab und zu erhalt' ich Kritik,
ich sei unmöglich in Tun und Denken,
doch diese Einschätzung könnt' ihr euch schenken -
wahrscheinlichkeitsrechnungsmäßig betrachtet,
der bobbili sich als einmalig erachtet.

Noch manche Bilder könnte ich nennen,
die ein Stück bobbili lassen erkennen,
doch wer ich letztlich wirklich bin,
bekomm' ich selbst nicht in den Sinn,
Bin heute der, ein and'rer morgen,
heute mehr fröhlich, morgen voll Sorgen,
heute ein klares, helles Bild,
morgen eher neblig und wild -
doch eins ist gewiß: es kann alles kommen,
von mir selber werde ich angenommen.
Drum nehmt auch ihr mich so wie ich bin
denn ein anderes bobbili kriegt selbst ihr nicht hin!

Thema: Warum schreibe ich?

Ingo:

Warum schreibe ich?

Als Kind hatte ich immer Fantasie
Sah mehr als Erwachsene
Fühlte anderes als andere Kinder
Spürte in mir schlummert etwas
Es war verborgen lange Zeit
Bis es mir dann mies ging
Ich lernte meine Gefühle zu beschreiben
Das damit etwas entweicht
Meine Melancholie, meine Traurigkeit
Es kehrt etwas zurück
Hoffnung, Geborgenheit
Manch einer lernt was aus meinen Worten
Wird nachdenklich
Das ist schon was
Ein Anfang
Ich schreibe seit 6 Jahren
Über 100 Werke
Und es macht mir sehr viel Spaß zu
schreiben
Ich denke meine Leben lang

Heike:

Gedichte

Spiegelbilder meiner Seele,
aufgeschrieben,
mal gereimt, mal ungereimt.
Gedanken schießen in meinen Kopf,
blitzartig.
Philosophiere,
gehe in mich,
denke einen Gedanken nach dem anderen,
es fügt sich zusammen,
mein Spiegelbild meiner Situation.
Langsam kommt das Zusammenreimen,
das die Klarheit meiner Worte
zum Ausdruck bringen will.
Alles für mich
ins rechte Licht gerückt,
keine Lügereien,
Ehrlichkeit für mich selbst,
einfach was mich bewegt.
Ist es soweit,
muß es raus,
gedachtes muß geschrieben werden.
Meist handschriftlich, korrigiert,
etwas weggenommen,
wichtigeres hinzugefügt,
solange daran gearbeitet,
bis es stimmt.
Vielleicht hilft mein Gedicht anderen,
mir hat es auf jeden Fall,
dann, wenn es vor mir liegt
geholfen.
Denn,
ich habe nachgedacht,
in mir ist es klarer
für meine Situation
und ich fühle mich besser

Alex:

Fehlende Worte

Mir fehlen die Worte
Der schwarzen Poesie,
Der Reim ist hinüber
Es ist schlimmer wie noch nie.
Wo ist nur das Denken,
Dieses wundervollen Seins?
Wenn ich nach suche,
Wird es wieder meines?
Einst schreib ich wundervolle Werke
Sie wurden aufmerksam gelesen
Nun kommt nichts mehr,
Ich fühle mich als wäre ich Schall und Rauch
gewesen.
Soviel dazu.
Ich weiß nicht warum es so ist,
Werde mich bemühen
Und hoffe ich werde bis dahin vermisst.

Hans:

Gedicht – Rezept

Es gibt Rezepte,
die sind ein Gedicht!
Aber umgekehrt?
Gibt es ein Rezept
für ein gelungenes Gedicht?
Ich mache öfters Gedichte
auf Rezept,
also auf Bestellung:
Geburtstage,
manche Tage im Jahreslauf -
zur Zeit kommen "Bestellungen"
vor allem vom Gedichte-Club ;-)

Was steht im Rezept
nach dem berühmten "man nehme...",
um ein gelungenes Gedicht zu bekommen?
Bei mir muß am Anfang
ein zündender Funke da sein!
Wenn es gefunkt hat,
explodieren die Gedanken,
manchmal sind sie nur schwer
in Worte zu fassen.
Noch schwerer will es dann gelingen,
sie in einen Reim zu bringen!

EIN Patentrezept fürs Dichten
meine ich gefunden zu haben,
EINES sollte in jedes Gedicht rein:
Ehrlichkeit, Offenheit und Vertrauen
gegen mich selber,
gegen die, die mein Gedicht
später mal lesen sollen.

16

Sind diese Zutaten drin,
sind die weiteren
wie ein Sahnehäubchen:
Ein Schöpfen im Schatz der Sprache,
ein Verdeutlichen in erzählten Bildern,
eine Botschaft -
für mich und für andere.
Und wenn es möglich ist,
einen Reim daraus machen.
Wenn mein Gedicht fertig ist,
hat es mir selber
meist schon weitergeholfen.
Dann wünsche ich mir,
das Gedicht gäbe es auf Rezept,
wie eine Arznei:
Damit es jedem, der es liest,
auf seinem Weg
ebenfalls weiterhilft

Thema: Reise in die Phantasie

Ingo:

Der kühne Prinz

Ein langer Tag geht zu Ende
Die Sonne versinkt am Horizont
Ich sitze auf einem weißen Schimmel
Das Meeresrauschen ist weit zu vernehmen
Kälte liegt über den Wipfeln
Ein weiter Weg liegt vor mir
Um die Braut meines Herzens zu erobern
Wagemutig reite ich ihr entgegen
Kein Sturm, kein Gewitter hält mich auf
Hunderte von Kilometern um ihr zu begegnen
Ihre Schönheit im ganzen Land bekannt
Klugheit und das große Herz ziehen mich an
Unverzagt und selbstbewußt reite ich
denn ich will ihr Prinz sein
Müde und erschöpft erreiche ich sie
Gestehe in blumigen Worten meine Liebe
Anmutig und gerührt lächelt sie
Ich halte um ihre Hand an
Mehrmals täglich um schwärme ich sie
Die Prinzessin erhört meine Schmeicheleien
Wir heiraten in einem wundervollen Schloß
Lange und glücklich leben wir zusammen
In unserem eigenen großen Land
Voller Wälder, Seen und glücklichen Tieren
Es ist ein Reich, wo ich sein kann ,
wie ich sonst nicht bin
Denn es ist mein Reich der Fantasie

Heike:

Im Reich der Phantasie

Im Reich der Phantasie
spanne ich mein Schirmchen auf.
Ich beginne zu schweben, zu fliegen,
erst sachte, langsam,
dann schneller, höher.
Auf und ab geht meine Reise,
ich sehe alles von oben,
betrachte Dinge aus einer Perspektive,
die ich bisher nicht kannte.
Ein Wunsch wurde mir mitgeschickt,
ein Wunsch zu grüßen, dort wo ich lande,
zu wachsen, mich zu verbreiten
ist meine Aufgabe.
Wenn es geht, lasse ich mich nieder
und verweile ein Weilchen.
Gefällt es mir nicht -
lasse ich mich wieder aufnehmen vom Wind,
lasse mich treiben
und suche ein Plätzchen
zum Niederlassen.
Gefällt es mir -
verankere ich mich dort
und beginne meine Aufgabe.
Im Reich der Phantasie
suchte ein Löwenzahn-Schirmchen sein Ziel.

Alex:

Im Reich der Phantasie

Dunkles spiegelt sich in meiner Phantasie
Ich fühle mich geborgen und wohl
Denn es sind Dinge
Mit denen ich mich gern beschäftige.
Phantasie ist wichtig,
Besonders in der heutigen Welt
Man sollte immer sein eigenes
Reich der Phantasie haben!
Versinkt man aber zu tief
Im Reich der Phantasie,
So kann es sein, daß man die Realität
Aus den Augen verliert.
Meist sind die Reiche der Phantasie
Wunderschön,
Aber es gibt auch schmutzige
Und voller Hass.
Ich fühle mich
In meinem Reich der Phantasie
Sehr wohl, denn es ist dunkel
Und das gefällt mir!

Hans:

Im Reich der Phantasie

Im Reich der Phantasie
da herrscht `ne besondere Philosophie:
hier sind alle gleich,
ob Gammler, ob Scheich,
ob alt oder jung,
mit Zögern, mit Schwung,
ob groß oder klein -
einfach jede(r) - also auch ich! - darf hinein!
Darum herrscht `ne Art Demokratie
im Reich der Phantasie.

In diesem Reich bin ich gern,
erscheint es auch manchmal so fern,
steh mir selbst dann im Wege
durch des Alltags Pflege.
Doch das bobbili singt,
wenn es ihm gelingt,
in dieses Reich abzutauchen,
denn das tut er wie jedermann brauchen!
Ich muss es nur wollen, dann ist es gleich nah,
das Reich mit Namen Phantasia!

In dies` Reich geh ich manchmal allein,
doch ich nehm` gern auch andere mit hinein,
und dann ist's wie ein Traum,
denn die Zeit und der Raum
sind innerhalb von Sekunden
in diesem Reich überwunden.
Was oft einfach nicht geht
in der Realität,
in diesem Reich wird es wahr;
ich finde das wunderbar

21

In dem Reich bin ich oft nur für kurz,
doch die Zeit ist mir absolut schnurz!
Denn das drin-sein ist wichtig,
und ich finde es richtig,
wenn ich anders geh` als ich gekommen,
denn schon oft hab ich was mitgenommen:
ein paar gute Gedanken
aus dem Land ohne Schranken.
Und eines bereute ich bisher noch nie:
Bürger zu sein vom Reich der Phantasie!

Thema: Vertrauen

Ingo

Vertrauen

Ich habe dir vertraut
Mein Herz ausgeschüttet
Meine Gefühle offenbart
Dich in mein Herz geschlossen
Ich war , als du mich brauchtest
Wie Geschwister, nur mit mehr Liebe
Was uns verband war die Ehrlichkeit
Es war wie immer
Zu sehr vertraut
Die dunklen Wolken übersehen
Habe gedacht uns könnte nichts trennen
Keine Macht der Erde
Für wen habe ich das getan
Doch nur für uns beide
Jetzt sitze ich hier
Einsam und verstört
Wem kann ich heute noch vertrauen
Belogen und verraten
Hätte das nie erwartet
Das du mich verläßt
Warum nur?
Alles verloren für alle Zeit

Heike:

Vertrauen

Ich habe dir vertraut
Mein Herz ausgeschüttet
Meine Gefühle offenbart
Dich in mein Herz geschlossen
Ich war , als du mich brauchtest
Wie Geschwister, nur mit mehr Liebe
Was uns verband war die Ehrlichkeit
Es war wie immer
Zu sehr vertraut
Die dunklen Wolken übersehen
Habe gedacht uns könnte nichts trennen
Keine Macht der Erde
Für wen habe ich das getan
Doch nur für uns beide
Jetzt sitze ich hier
Einsam und verstört
Wem kann ich heute noch vertrauen
Belogen und verraten
Hätte das nie erwartet
Das du mich verläßt
Warum nur?
Alles verloren für alle Zeit

Alex:

Gefunden

Ich war allein und auf der Suche.
Geriet an Leute, die nicht sie selbst waren.
Schenkte ihnen Vertrauen, denn sie konnten mir
nichts anhaben.
Anfangs schenkte ich vielen mein Vertrauen,
Mußte aber feststellen, daß es ihnen egal war
Und so stand ich wieder da...
Einst lernte ich jemanden kennen.
Er vertraute mir sehr und ich erzählte ihm mein
Schmerz.
Im laufe dieser Zeit wurde mein Schmerz nicht
gelindert,
Sondern am Leben erhalten,
Denn er ignorierte alles.
In meiner Verzweiflung und durch Zufall,
Fand ich einen wunderbaren Menschen.
Wir lernten uns kennen, gaben und nahmen,
Aber das wichtigste: Wir schenkten uns gegenseitig
Vertrauen!
Wir stellten einander fest,
Daß wir den selben Schmerz hatten
Und teilen ihn fortan!!
Auch bei anderen fand ich nach und Nach
Vertrauen.
Ich kann aus Erfahrung sagen,
Daß hinter diesem kleinen Wort "Vertrauen"
Eine ganze Menge hinter steckt!
Also ignoriert und vor allem mißbraucht es nicht!!!

Hans:

Ent(-)täuscht

groß war die Hoffnung
wie es begann, war überwältigend;
was noch zu werden schien,
traumhaft.

und dann –
ging es irgendwie nicht vorwärts;
der erste Zauber verflog
erste Zweifel kamen:
passt alles zusammen?
Herz und Verstand,
Gefühl und Situation,
Hoffen und Erleben?

irgendwann der Punkt
die Einsicht, dass nur ich ihn träumte,
den schönen Traum;
dass ich mich
täuschte.
zu diesem Punkt zu kommen,
ihn mir selbst zu setzen,
tut unheimlich weh.

der Traum ist ausgeträumt,
die Täuschung hat ein Ende,
ich bin ent – täuscht.

wie geht es weiter?
nie mehr träumen?
Kopf in den Sand?
Nein, ich will weiter -
ergreife die Hand dessen,

der mich hier, ganz unten,
abholt.

ein Freund,
mein Freund,
ein wahrhaft guter!
ich habe ihn auch schon enttäuscht –
aber er hält trotzdem zu mir;
er kennt mich bestens,
darum kann ich ihn nicht mehr täuschen,
bei ihm darf ich ich sein,
so wie ich wirklich bin
bei ihm bin ich gerne
ent – täuscht.

Thema: Liebe

Ingo

Meine Liebe

Meine Liebe ist wärmer als die Sonne
Sie kommt von Herzen mit viel Gefühl
Kostbarer als Platin, so selten
Ergiebiger wie die wertvollste Saat
Treu wie der Wind dem Himmel
Nicht verschenkt, höchstens geliehen
Wird sie verletzt oder gekränkt
Ist sie kälter wie Polareis
Härter als Titan
Unerreichbar wie der Mond
Meine Liebe bekommen wenige
Mutter und Vater, meine Schwester
Meine Neffen und mein Hund
Oder vielleicht du, der das liest
Wer diese Liebe hat, gibt sie nicht wieder
her
Er kann daran zehren, ein Leben lang
Liebe ist nicht nur ein Wort
Sie muss man erleben
Zu beschreiben, fällt niemandem leicht
Liebe , Love, Amore wie schön das klingt

Heike:

Liebe

Die Zärtlichkeit eines Kusses,
die gespürte Vertrautheit
einer Umarmung,
das einfache Streicheln
des Hauptes,
die Gewohnheit des Zusammenseins,
ein lieber Blick,
ein strahlendes Lächeln,
eine ermunternde Geste,
ein Augenzwinkern,
ein aufeinander zugehen,
ein gespürtes Interesse
an der eigenen und der anderen
Person,
ein sich austauschen wollen,
ein sich necken mit Worten,
.....
Viele „EINS",
die zusammen das Wort
LIEBE
aussagen.

Alex:

Nur ein Wunsch

Ich wünsche mir nur eines.
Sag mir, daß du mich liebst,
Sag mir, daß du mich brauchst
Und schau mir dabei in die Augen.
Nimm mich in den Arm,
Drücke mich ganz fest.
Laß mich ein Hauch
Von Zärtlichkeit
Auf meiner Haut spüren
Und schau mir dabei in die Augen.
Laß mich deine Wärme,
Deine Liebe genießen.
Schenk mir dein Lächeln,
Ein Augenzwinkern von dir
Und schau mir dabei in die Augen.
Dann sage ich dir
Verlass mich nicht,
Denn ich liebe dich
Und ich schau dir dabei in die Augen.
Der Schmerz wär zu groß
Und die Trauer
Untröstlich.
Ich schenk dir mein Herz,
Geb dir ein Zärtlichen Kuss
Und ich schaue dir dabei in die Augen.
Laß uns eins werden,
Unsere Seelen vereinen
Und uns nie wieder trennen!
Denn ich liebe dich!

Hans:

Hochzeitstag

Erinnerung
an den schönsten Tag des Lebens;
vor Gott und der Welt
JA gesagt,
den Willen zu "lebenslänglich" bekundet,
sich voller Vertrauen
an einen anderen Menschen gebunden,
das Versprechen gegeben,
jeden Weg zusammen zu gehen,
aus Liebe!
Aus ICH und DU ist ein WIR geworden.
Das wurde damals gebührend gefeiert!
Für viele auch ein Tag der Erinnerung
an "das erste Mal" ;-)

Rückblick
auf die seitherigen Hochzeitstage
und das jeweilige Ehe-Barometer:
Nicht immer war Schönwetter angesagt,
oft hats geblitzt und gedonnert,
und ab und zu
herrschte Eiseskälte.
Und doch:
Immer wieder kam er zurück,
der Sonnenschein,
weil beide es so wollten.
Bei all den Spannungen
ging die Harmonie
der Wille zum Zusammenbleiben
nie ganz verloren.
An der Ehe stets gearbeitet,
einen oft steinigen,

manchmal beschwerlichen Weg gegangen,
keine schnurgerade Autobahn entlang gerast.
Und doch immer wieder
vorangekommen.

Ausblick
auf die kommenden Hochzeitstage.
Wieviel es wohl noch werden?
Wie werden sie wohl begangen?
Wer ist noch da zum Mitfeiern?
Was ist der Grund, wenn es eines Tages
keinen Grund mehr gibt, sie zu feiern?   -
Fragen, die heute
nicht beantwortet werden können.
Doch das muß auch nicht sein!
Wichtig ist der Ausblick
auf Sichtweite:
auf heute und morgen,
und auf die kommenden
Nicht - Hochzeitstage.

Resümee
Kann es heute gezogen werden?
Ich meine JA,
denn ein Tag wie dieser
lädt ein:
zum Innehalten,
zum Er - Innern
und - so ist es mein Wunsch
für alle Eheleute -
zum Resümee:
"Ich würde mit Dir
nochmals die Ehe wagen!"
Und wohl dem,
der es in guten wie in schlechten Zeiten
verspürt und erlebt:

Der am Tag der Hochzeit
erbetene und versprochene Segen Gottes
war da
ist gerade heute da
und wird auch künftig da sein!
Nicht nur, aber besonders auch
am Hochzeitstag!

Thema: Trauer/Tod

Ingo

Unendliche Liebe

Ich sitze an deinem Bett
Friedlich schläfst du neben mir
Uns bleibt nur wenig Zeit
Die letzte Stunde ist gekommen
Ich bin bei dir
Nach so langer Zeit
In jungen Jahren voller Tatendrang
Viele Krisen gemeinsam überwunden
Krankheiten besiegt, das Leben genossen
Nun ist es bald zu Ende
Tränen rinnen über mein Gesicht
Dein zierlicher Körper berührt mich so
sehr
Du bist nicht alleine
Auf dem Weg zur Ewigkeit
Ich will dich bei mir halten ein Leben
lang
Meine Vernunft läßt dich gehen
Der Atem setzt aus, das Herz steht still
Ich halte dich so fest in meinem herzen
Nun bin ich alleine
Du lebst in mir weiter für immer
Mein ganzes restliches Leben

Heike:

Mit offenen Augen

Mit offenen Augen
in die Dunkelheit schauen.
Mit geschlossenen Augen
in meine Dunkelheit blicken.
Kein Feuerwerk hinter meinen Lidern.
Kein Licht, welches mir leuchtet.
Wo ist sie, die Hoffnung,
die mein Licht trägt,
die mir einen Felsvorsprung
zum Halt zeigt.
Wo ist sie, die Freude,
die mich führt,
die mir meinen Sinn
im Leben zeigt.
Dunkelheit außen und innen.
Sag, wann kommst du,
Licht der Hoffnung
und zeigst mir meinen Weg?

Alex:

Der Tod

Du lehnst dich getrost zurück
Und wartest auf dein Ende.
Du hoffst es kommt an einem Stück,
Doch dann erscheint die Wende.
Und alles wird anders.
Er kommt schleichend
Und packt dich von hinten.
Irgendwann liegst du nur noch da.
Der Saft des Lebens ist längst aus dir gedrungen.
Morgen wird dich jemand finden
Du schaust von oben zu,
Wie sie deinen Leichnam nehmen
Und in ein weißes Tuch einhüllen.
Sie tragen ihn zu deinem Grab
Und verschütten dein Sarg,
Mit der Erde der Vergeltung.
Es ist vorbei,
Nun bist du nur noch
Ein Grabstein auf dem Friedhof
Und eine vergängliche Erinnerung,
In den Herzen der Trauernden.

Ausgewählte Beiträge von Ingo

Eine Randnotiz

Eine 5 zeilige Meldung
An einem normalen Tag
In einer Zeitung auf Seite 6
Im Lokalteil versteckt
Ein Küster im Alter von 30 verstorben
Plötzlich und unerwartet
Die Gemeinde und der Pfarrer trauert
Wir sprechen Mitgefühl aus
Mehr wird verschwiegen
Es will niemand lesen
Was fühlt seine Frau?
Wer kümmert sich um sein Kind?
Ein natürlicher Tod oder Selbstmord?
Ein Leben ohne Vater
Und all diese Gerüchte
Es war nur eine Randnotiz
Von wenigen Menschen beachtet
Morgen schon vergessen
Ich werde diese Nachricht nie vergessen
Das Bild bleibt mir immer in Erinnerung
Mein Leben lang
Es war mein Bruder

Das Leben

Was ist der Sinn in meinem Leben
Arbeiten und nur noch streben

Die Tage einfach nur genießen
So das die schönen Dinge vorüberfliessen

Die große Liebe meines Lebens suchen
Sie nicht finden und deswegen fluchen

Das ultimative schönste Gedicht
Wenn du es aber schreibst merkst du es nicht

Ich möchte sehr oft fröhlich sein
Kein Anlaß ist mir dafür zu klein

Ein wenig Melancholie für das einsame Herz
Zuviel davon bewirkt nur endlosen Schmerz

Gefühle zeigen das schadet mir nicht
Sei es nur das Lachen in meinem Gesicht

Der Sinn meines Daseins ist sehr klein
Ich will einfach nur Ich selber sein

Das Foto

Ich sitze hier und bin nachdenklich
Ein schöner Sonntag, die Sonne scheint
Ein Fotoalbum liegt auf dem Tisch
Lange nicht mehr durchgeblättert
Angst vor der Vergangenheit
Meine Kindheit, meine Jugend, mein ganzes Leben
In Bildern festgehalten, die nie vergehen
Die guten und die schlechten Zeiten
Die Bilder sind gut erhalten
Sehr alt, aber voller Erinnerung
Manchmal lache ich voller Begeisterung
Weine vor Trauer
Wenn alle meine Gedanken vergehen
Die Bilder bleiben
Mein Hochzeitsfoto macht mich traurig
Der Partner ist schon lange fort
Wartet auf mich im Himmel
Sein Gesicht bleibt mir immer erhalten
Ich bin nun glücklich
Bilder sind so schön
Sie wecken Gefühle, die ich lange nicht hatte

Willensstärke

Wo ein Wille da ein Weg zum Ziel
Wenn das Ziel aber nicht erreicht werden möchte
Nutzt auch kein Wille
Das Ziel zu hoch gesetzt
Unerreichbar, weit entfernt
Unrealistisch, nur ein Traum
Kleine Ziele, kleine Schritte
Klarer Kopf, guter Wille
Einsicht wenn es nicht klappt
Nicht enttäuscht sein
Ein neuer Versuch
Felsbrocken wegräumen
Nicht immer auf gerader Linie
Zufrieden sein mit wenig
Nicht grübeln zu jeder Zeit
Empfindsam für Kritik
Dann kann es was werden
Zumindest mit kleinen Zielen

Der Park

Es ist früher mittag in der Stadt
Ich sitze im Park und warte auf dich
Den Park besuche ich oft
Schon als Kind hier gerne gesessen
Geträumt von der Zukunft
Ich schaue zu dem Wasserschloß
Sehe die Enten schwimmen im Wasser
Ein schwarzer Schwan gleitet an mir vorbei
Er reckt seinen schlanken Hals
Voller Stolz in die Höhe
Herrliche Ruhe verspüre ich
Die Sonne spiegelt sich im Wasser
Ich denke an dich
Trägst du wieder dein schönes Sommerkleid
Welches deine Beine so wunderbar betont
Ein paar Kinder spielen auf der Wiese mit dem
Ball
Sie sind so alt wie meine Neffe
Immer wieder tollen sie herum
Ein älteres Liebespaar wirf ein paar Brotkrumen ins Wasser
Die Enten schnappen sich diese sofort
Genüßlich schaue ich ihnen zu
Ich warte auf dich
Während ich den Park genieße
Kannst du die Zeit lassen

RUHE

Es ist dunkel
Die Straßen leer gefegt
Kein Auto fährt
Windstille , nur Wolken ziehen vorbei
Der Mond scheint hell am Himmel
Stille
Kaum Geräusche zu hören
Auf der Autobahn selten ein Auto
Wenig Zeit das zu genießen
Selten am Tage gibt es Ruhe
Der Lärm stresst die Nerven
Macht krank
Nur im Wald ist Ruhe
Ein paar Tiere
Die Natur schweigt
Der Mensch sollte sich das auch mal gönnen
Schweigen
Genießen
Wenn auch nur für Minuten

Die Antwort weiß nur das Meer

Meine Liebe ist so grenzenlos
Die Seele spielt verrückt
Die Sinne sind verwirrt
Ihr schöner zierlicher Körper
Diese Blicke voller Güte
Ein Lächeln, daß alles schmelzen läßt
Ihr wohliger Duft liegt wie Nebel in der Luft
Ich will ihr meine Gefühle gestehen
Sie wird mich hören
Verstehen wird sie nichts davon
Meine Zeichen des Glückes hat sie ignoriert
Meine Blicke verwehrt
Eine andere Kultur
Ein fremdes mir unbekanntes Land
Wenn ich sie frage
Antwortet sie nicht
Ich werde sie niemals lieben
Die Antworten auf meine Fragen weiß nur das Meer
Sie sind weit draußen
Und werden niemals gefunden

Mein erster Kuß

Es ist sehr lange her
In Erinnerung wie gestern
Ich war 12 sie 14 Jahre
Meine erste Liebe
Wir sind zusammen gegangen
Sie hatte mehr Erfahrung
Ich war völlig unbedarft
Der erste Kuß ließ auf sich warten
In der Schule passierte es dann
Mittagspause, viel zeit zum Küssen
Nichts geschah
Wir waren nicht allein
Etwas hat gestört
Keine Atmosphäre für Liebe
Ungeduldig herumgestanden
Die Zeit verstrich im Nu
Geküßt habe ich sie doch
Ganz kurz aber intensiv
Nichts besonderes
Doch vergessen kann ich ihn nie
Meinen ersten Kuß

Rette mich

Ich sitze hier und friere
Voller Sorgen und Selbstmitleid
Wieder habe ich es getan
Das was ich versprach nie wieder zu tun
Ich kann nichts dafür
Manchmal passiert es halt
Aus Verzweiflung, aus Langeweile
Jetzt bin ich in der Klemme
Kann mir selber nicht mehr helfen
Ein Anruf, du bist nicht da
Ich brauche dich
Leider habe ich dich oft verletzt
Naiv wie du warst hast du mich geliebt
Mich, der nur sich selber lieben kann
Ich flehe dich an
Rette mich
Nur noch dieses eine Mal
Wir gehören zusammen
Ich werde mich auch bessern
Dieses Mal bestimmt
Laß mich nicht im Stich
Strafe habe ich verdient
Wieder rufe ich an
Bitte Bitte rette mich
Nur noch dieses Mal

Stilles Begleiten

Es ist nur ein Job, alte Menschen pflegen
Von der Gesellschaft abgeschoben in unsere Hand
Die Frau hat nichts mehr zu gewinnen
Ihre Lebenserwartung nur noch ein paar Stunden
Was sollen wir tun? Alleine lassen bis zum Übergang
Ihre Gefühle und Gedanken ignorieren
Begleitet wird sie zum Tor des Lebens
Das sich schließt mit dem letzten Atemzug
Ein wenig Sprechen, alle Ängste ihr nehmen
Ihre Hand halten, es ist jemand für sie da
Nur für sie allein, sie kann sich viel Zeit lassen
Ein letzter Wunsch, ein kleines Lied, ein stilles Gebet
Daß sie glücklich wird das Leben verlassen
Den Kopf streicheln, Die Lippen anfeuchten
Es dauert nicht mehr lange , bald ist es soweit
Der Atem wird flacher, die Augen schließen sich
Ein letzter Atemzug, das Herz hört auf zu schlagen
Die Hand läßt dich los, sie hat uns verlassen
Glücklich entschlafen in deiner Begleitung
Es ist niemals einfach Begleiter zusein
Hilft es dem Menschen
ist unsere Arbeit nicht umsonst

Frauen

Frauen sind mal Hexe, mal gute Fee
Warum sind Frauen so faszinierend?
Frauen sind zärtlich und anschmiegsam,
Energisch, mal dominant oder arrogant.
Das Lächeln einer Frau ist so toll,
es löst ein Kribbeln bei jedem Mann aus.
Ein lächelndes Auge zeigt immer,
diese Frau kann besonders verehrt werden
Ob langes oder kurzes Haar,
brünett, schwarz oder blond
Schönes Haar erweckt bei Männern Frühlingsgefühle
Ein hübsches Gesicht, wer sieht das nicht gern
Dabei ein Lächeln, ein Herzliches dazu
Und schon ist der Mann eingewickelt.
Der Körper ist ein großes Ereignis
Den perfekten Körperbau gibt es nicht
Die Brust mit ihren zarten Knospen
So voluminös und doch so verletzlich
Zum Schluß noch die Beine
Bei mancher Frau so unendlich lang
Auch das bringt einen Mann durcheinander
Das Faszinierende an einer Frau ist,
Sie ist eine Gesamtschönheit
Für viele ein Rätsel und deswegen unergründlich
Frauen haben immer etwas geheimnisvolles
Das ist auch gut so
Denn haben wir nichts mehr zu entdecken
Wird das Bekannte langweilig

Ich habe es geschafft

Endlich ein Weihnachten ohne Ängste
Ohne schlechtes Gewissen über vertane Chancen
Mein Ziel ist erreicht
Berufliche Sicherheit für lange Zeit
Was ist alles passiert bis heute?
Dummheiten gemacht, verleumdet, gedemütigt
Gequält bis an die Grenzen gegangen
Zeiten abgesessen, nichts getan
Ernüchtert durch die Arbeitslosigkeit
Mißverstanden von vielen Menschen
Gesundheitliche Rückschläge
Immer wieder verzweifelt, ob das alles Sinn macht
Oft am Boden, aber doch wieder aufgestanden
Nach dem Examen zu unrecht beschuldigt
Die letzte Chance bekommen und genutzt
Zufall, Glück oder Stehvermögen
Es war schon alles weg
Die Liebe, die Karriere, der Stolz, die Ehre
Eines blieb noch . Die Hoffnung
Der Weg war sehr schwer, aber ich bin ihn gegangen
Alleine war es nicht gerade einfach
Das macht mich stolz
Deswegen bin ich für jeden da, der mich braucht
Nur zuhören oder auch motivieren
Ich habe es geschafft und ihr schafft es auch

Der Unfall

Ich fahre mit dem Auto die Strasse entlang
Es ist dunkel. Die Nacht ist klar
Die Sterne leuchten am Himmel und weisen den Weg
Lange unterwegs und noch nicht am Ziel
Auf dem Weg zu dir um dich zu sehen
Wir haben uns gestritten wieder einmal
Ich komme um mich zu entschuldigen
In Gedanken an dich fühle ich mich sicher
Da plötzlich ein Schatten ein lauter Knall
Instinktiv bremse ich und reiße das Steuer herum
Das Auto schleudert die Strasse herab
Ich bin orientierungslos und weiß nicht was geschieht
Der Baum ist das Letzte was ich noch sehe
Wieder ein Knall, Glas splittert und dann Ruhe
Nach einiger Zeit kommt mein Bewußtsein zurück
Was ist geschehen? Wo bin ich?
Langsam spüre ich den Schmerz
Blut ist in meinem Gesicht
Aber ich lebe. Ein Wunder?
Ich steige aus und sinke zusammen
Kreislaufschock nannten sie es später
Stunden später werde ich wach
Ich liege in einem Krankenhaus
Aber ich bin nicht alleine
Schaue nach links und sehe dich
Eine Träne rinnt aus meinem Auge
Das Leben geht so schnell zu Ende
Dieses sollte jeder Mensch wisse

Der gute Geist

Ich bin sehr oft allein.
Starre nur an eine weiße Wand
Einsam, enttäuscht mit meinen Depressionen
Ich habe niemanden zum Unterhalten, keine Freunde
Essen ist auch immer langweilig
Ich gehe langsam zu Grunde
Doch ab und zu vergeht mein Kummer für kurze Zeit
Dann wenn mich ein guter Geist besucht
Er hat immer Zeit, ein offenes Ohr
Ist sehr verständnisvoll
Eine gute Unterhaltung, ein kleiner Flachs
Ständig gute Laune und immer einen netten Spruch
Positive Ausstrahlung und ich sehe er hilft mir gerne
Nicht so stur und griesgrämig wie die Anderen
Leider besucht er mich nicht so oft
Es sind ja auch noch andere Bewohner da
Er teilt sein Herz mit vielen Menschen
Ich glaube , er würde alles geben
Gerne gäbe ich ihm etwas
Glück empfinde ich bei ihm
Nur ein Lächeln habe ich für ihn
Es genügt ihm wohl
Morgen ist er wieder da
Wenn er zu mir kommt freue ich mich

Mein treuer Begleiter

Du bist weg, einfach so
Ich wollte dich noch einmal sehen, streicheln
Es ging nicht mehr
So plötzlich gestorben ohne ersichtlichen Grund
13 Jahre Kameradschaft, Treue und viel Liebe
Du warst schon sehr alt, aber immer fit und nie wehleidig
Die Schnauze grau, aber immer lieb und ein sehr großes Herz
mit Platz für Jeden
Meine lieber Hund, unsere Wege trenne sich nun
Kein Schmusen, kein Kraulen, kein gemeinsames Laufen
Ich bin nun ganz allein, keiner mehr da zum Verwöhnen
Du hast meine Jugend miterlebt
Mein halbes Leben nur mit dir
Meine Höhen des Lebens, vor allem meine Tiefen
Immer bei mir um mich zu trösten, wenn es mir schlecht ging
Du hast nie einen Unterschied zwischen den Menschen gemacht
Wir Menschen haben sehr viel von dir gelernt
Meine Bessy ich vermisse dich so sehr
Um keine trauere ich so wie um dich
Dich vergessen werde ich nie
Dein kleines Halsband behalte ich
Denn die Erinnerung an dich wird unendlich sein

Mitleid

Ein Anruf am Sonntag abend
Du bist es
Meine große Liebe
Sie meldet sich nach Monaten
Traurig und verstört
Einsam und verbittert
Mißhandelt und benutzt
Ich wurde abgewiesen
War ihr nicht gut genug
Ein anderer Mann gefiel ihr besser
Abenteuer reizvoller als Liebe
Momente intensiver als das Leben
Vergessen habe ich sie nie
Immer gedacht wie es ihr geht
Ich besuche sie und sehe ein vernarbtes Gesicht
Erkenne sie kaum wieder
Was hat er mit ihr getan?
Tröstend halte ich sie in meinem Arm
Ihr ein Gefühl von Wärme zu geben
Ich überwinde mein verletztes Herz
ich bin da für sie
Jeder Zeit
Sie muß es nur wollen

Ein Funken Hoffnung

Es war so schön
Er war so anders
So einfühlsam und gefühlvoll
Gab dir Zärtlichkeit und Anerkennung
Eine neue schöne Erfahrung
Du hast wieder an dich geglaubt
Dein Herz blühte auf
Nach all der Zeit etwas so schönes
Und heute hast du Tränen in den Augen
Es ist leider wie immer
Ärgerst dich über deine Gefühle
Warum hat er dich nicht verstanden?
Deine Ängste und dein Verlangen nach Geborgenheit
Er konnte es nicht
Steht sich selbst im Weg
Seine Mauer ist zu hart und groß
Du stehst am Ende und am Beginn
Der Beginn deines wirklichen Lebens
Auch wenn du es heute nicht so siehst
Das Fünkchen Hoffnung bleibt dir immer
Ein Leben lang

Die verborgene Angst

So wir er da liegt
Angespannt bis in die kleinste Faser
Glutroter Kopf, hoher Puls
Unberechenbar
Unkontrolliert
Plötzlich weint er und ist entspannt
Ganz ruhig als wenn nichts gewesen
Stimmungswechsel im Minutentakt
Ohne Vorwarnung explodiert er
Schlägt , beißt und tritt
Gefährdet sich selber und mich
Ich habe Angst vor ihm
Weiß nicht wie ich reagieren soll
Mit Ruhe oder Abwehr
Nie habe ich es gelernt
Fühle mich unsicher
Weiche ihm aus
Die Krankheit ist so grausam
Trotzdem schütze ich nur mich selber
Manchmal auch vor mich selbst

Zauber der Magie

Wie ich hier so sitze
Über mein Zauberwerk schwitze

Wünsche ich mir eine andere Welt
Wo Menschlichkeit zählt und nicht nur Geld

Ehrlichkeit und Offenheit
Anerkennung ohne Neid

Menschen, die einfach glücklich sind
Ohne Hemmungen, wie ich als Kind

Frieden überall und keinen Haß
Dann macht mir diese Welt sehr viel Spaß

Hätte ich nur einen Zauberstab
So wie es einen bei Zeus damals gab

Ich würde mit Würde diesen Stab dann schwingen
Erhoffe nun, es wird mir gelingen

Ich bin in dieser Welt nur ein kleines Stück
Ein wenig zu geben ist mein größtes Glück

Ausgewählte Gedichte von Heike

Zauber

Ich bin in
deinem Zauber gefangen,
lasse mich festhalten, lasse mich gehen.
Die magische Formel wirkt,
ich spüre deinen Zauber.
Er hält mich – fest und doch sanft,
ich lasse mich halten und gehen.
Ich lasse mich verzaubern,
ich spüre Zufriedenheit,
Glücklichsein und Dankbarkeit.
Ich will verweilen im Zauber des Momentes,
weiß aber, die Realität wartet auf mich.
So werde ich wieder ich
und der Zauber hallt nach.
Wenn dies so ist,
dann hat der Zauber seinen Zweck erfüllt.

Warten

Warten auf Geburt,
warten auf Tod.
Warten auf Ankunft,
warten auf Abfahrt.
Warten auf Gehalt,
warten auf Entscheidungen.
Warten auf Glück,
warten auf Post.
Warten im Restaurant
und in der Abflughalle.
Warten auf Regen,
warten auf Sonne.
Auf so vieles wartet man im Leben.
Nutze die Zeit des Wartens,
aber denke immer daran,
jemand wartet auch auf dich

Duftende" Erinnerung

Ich schnupper ihn ein,
sauge ihn durch meine Nase,
wo er den Weg durch meinen Rachen
zu meiner Lunge sucht.
Von dort wird er weitergeleitet
durch mein Blut,
welches ihn transportiert,
direkt in mein Herz.
Zweifelsohne in mein Herz!
Dieser Duft bleibt dort
und wird zur unvergesslichen
Erinnerung.
Ich habe mich eben erinnert,
an den Duft meiner Kinder als Babys.
Und es ist eine wunderbar
"duftende" Erinnerung.

Es ist ein Segen

Es ist ein Segen,
wenn du morgens aufstehst
und sagen kannst:
„Ich habe gut geschlafen."

Es ist ein Segen,
wenn du zur Arbeit kommst
und sagen kannst:
„Ich bin hier, wo werde ich gebraucht?"

Es ist ein Segen,
wenn du zur Familie zurückkehrst
und sagen kannst:
„Mein Tag war schön und produktiv."

Es ist ein Segen,
wenn du Abends zu Bett gehst
und sagen kannst:
„Danke lieber Gott,
mein Tag war schön,
du hast mich viel gelehrt
und mir dadurch gezeigt,
wie sehr du mich liebst."

Das Leben

Leben

nur für den Moment

Momente genießen.

Oft genug müssen wir das

wieder lernen.

ohne Hetze

einfach nur dasein

Augenblicke erfassen

und bewußter erleben.

Werde dir dessen bewußt

und du lebst intensiver

in der Schnelle

der Zeit.

Gott ist anwesend

Laß ihn zu und du wirst ihn
fühlen,
hören,
riechen,
schmecken
und sogar sehen.
Er hat keinen Körper zum Tasten.
Er hat keine Stimme zum Hören.
Er hat keinen Geruch zum Riechen.
Ihn kann man nicht schmecken
und auch nicht sehen.
Und doch ist er da.
Öffne deine Augen -
sieh` die Welt,
fühle die Welt,
höre die Welt,
schmecke die Gaben
und
rieche das Leben!

Geschlossene Augen

Ich schließe meine Augen,
um Düfte ungestört zu riechen,
um einen Geschmack intensiv zu genießen,
um die Natur nur zu hören.

Ich schließe meine Augen,
um meinen Träumen zu begegnen,
um der Realität zu entgehen,
um in mir alleine nachzudenken.

Ich schließe meine Augen,
um nicht weinen zu müssen,
um nicht lachen zu müssen,
um mich zu verstecken.

Ich schließe meine Augen,
um Gefühle deutlicher zu fühlen,
zum Betrachten meiner Seele,
um mich auszuruhen.

Irgendwann
werde ich meine Augen schließen,
um zu sterben.

Bis dahin,
schließe ich meine Augen,
um sie wieder zu öffnen!

Wogende Wellen

Seegang
gespürt die Bewegung
das Auf und Ab
gesehen die Wellen
die das Schiff
in seiner Fahrt durchs Wasser
schäumend
links und rechts
an sich vorbei
bildet.
Schäumende Wellen,
mit Luft durchwirbeltes Wasser.
Beruhigend zu betrachten.
Dieses Auf und Ab,
dieses Schaukeln,
dieses Wasser,
dieses Glucksen.
Erinnerungen,
vielleicht an den Mutterleib?

Ich möchte aufstehen

Ich möchte aufstehen
und fragen.
Welches Schicksal
trägt dieser junge Mann
dessen Hand verkrüppelt ist
und der sich nur humpelnd
fortbewegen kann?

Ich möchte aufstehen
und fragen.
Durch welche Umstände
kann es sein,
daß diese junge hübsche Frau
in den Rollstuhl gefesselt ist,
mit dem sie geschickt
durch die Tischreihen fährt?

Ich möchte aufstehen
und fragen.
Wie konnte es geschehen,
daß du dir den Arm
verbrannt hast,
ist es schon lange her?
Ich möchte aufstehen
und fragen –
doch ich tue es nicht.
Denn ich sehe,
daß diese Menschen
ihr Schicksal angenommen haben
und damit leben können.
Meine Frage
nach dem Warum
würde nur neugierig und überflüssig erscheinen

Gras

hüpfend, gehend,
laufend, rennend
schlurfend.
Kinder, Erwachsene
mit oder ohne Schuhe,
feste Schuhe, Badelatschen
übers Gras.
Es beugt sich,
wird niedergetrampelt,
niedergestampft
plattgedrückt.
Unermüdlich
richtet es sich wieder auf,
streckt seine Halme
dem Himmel entgegen.
Achte dieses Gras
und tu es ihm gleich.
Gib nie auf,
steh immer wieder auf
auch wenn du am Boden liegst,
die Zeit der Ruhe
kommt für dich,
wie für das Gras.

Meine geheime Schublade

Dort stecken Gedanken,
dort stecken Menschen,
dort stecken Erinnerungen,
dort steckt die Vergangenheit,
dort stecken Bilder.

Gedanken, die ich gedacht habe,
die ich gerade denke
und die ich in Zukunft denken werde.

Menschen, die ich gekannt habe,
die ich kenne
und die ich einmal kennenlernen will.

Erinnerungen, die schön waren,
die mich gelehrt und geprägt haben,
die nur mir gehören.

Vergangenheit, die ich erlebt habe,
die im Jetzt entsteht,
denn das was ich gerade tue,
ist schon vergangen.
Bilder, die ich gesehen habe,
die ich hervorholen kann,
die ich immer wieder anschaue.
Und dabei denke ich,
vielleicht an Menschen
oder an Begebenheiten,
habe Erinnerungen an die Vergangenheit
ich sehe meine Bilder,
die kein anderer Mensch
je sehen wird.

Meine Schublade

Meine Schublade
kann keiner aufziehen
nur ich
und ich entscheide,
wen ich wann und an was
teilhaben lasse.
Und selbst dann,
kann niemand all das,
was in meiner Schublade
steckt,
jemals ganz erfassen.

Lächeln

Es gibt es
sarkastisch,
hochmütig,
eingebildet
und aufgesetzt.
Am schönsten ist es,
wenn es ehrlich
gemeint ist:
Das Lächeln!.

Hände

Leg deine Hand in meine Hand
sieh sie an,
meine Hand.
Sie ist Abbild dafür,
was sie erlebt hat!

„Viel gearbeitet im Leben
hart geworden
schwielig
Wunden bekommen
Narben behalten
zärtlich gewesen
gütig und bittend
betend und beschützend
viele andere Hände geschüttelt
und Türen geöffnet.
Meine Linien blieben gleich
meine Fingerabdrücke auch
Bin viel gebraucht worden
Bei dem, was du hier siehst
habe ich mitgewirkt."

Nun ist sie alt
meine Hand.
Deine Hand
liegt in meiner Hand
und deine Hand
sieht mein Leben in
meiner Hand.

Versöhnung

Meine Hand streckt sich aus -
zögerlich,
ist doch viel geschehen.

Meine Hand streckt sich aus -
noch schwach,
ist doch viel nachgedacht.

Meine Hand streckt sich aus -
näher kommend,
ist Klarheit oder Einsicht gekommen?

Meine Hand streckt sich aus -
bittend,
streichelnd um Vergebung.

Meine Hand streckt sich aus -
deiner entgegen,
sie anzufassen und um Vergebung zu bitten.

Meine Hand ist ausgestreckt -
zieh deine bitte nicht weg!

Meine Hand sucht Versöhnung -
eine kleine Versöhnung,
die Anfang aller großen Versöhnung sein kann.

Chance

Die Welt wird grau,
Lärm dringt an mein Ohr,
Nebel kommt auf mich zu
und verfolgt mich.
Ich beginne zu rennen,
fliehe vor dieser Wolke.
Ich laufe - mein Atem
stoßweise und hustend,
ich laufe - mein Herz
klopfend zum Zerspringen,
ich laufe - mein Kopf
will zerbersten vor Angst.
Ich laufe und laufe,
bis ich angekommen bin.
Wo?
In Sicherheit - nur weg.
Wo ich bin?
Egal,
nur weg vom Ort des Geschehens!

In Gedenken an die Überlebenden des eingestürzten
World Trade Centers, die wahrscheinlich noch lange von
diesem Nebel der Erinnerung verfolgt sein werden.

Mit offenen Augen

Mit offenen Augen
in die Dunkelheit schauen.
Mit geschlossenen Augen
in meine Dunkelheit blicken.
Kein Feuerwerk hinter meinen Lidern.
Kein Licht, welches mir leuchtet.
Wo ist sie, die Hoffnung,
die mein Licht trägt,
die mir einen Felsvorsprung
zum Halt zeigt.
Wo ist sie, die Freude,
die mich führt,
die mir meinen Sinn
im Leben zeigt.
Dunkelheit außen und innen.
Sag, wann kommst du,
Licht der Hoffnung
und zeigst mir meinen Weg?

Märchenreise

Wünsche wahr
wunderbar
Drachen besiegt
Prinzessin gekriegt
Frosch geküßt
Bruder vermisst
Haare ganz lang
Hänsel ganz bang
Kappe so rot
Hexe ist tot
Schuh aus Glas
Kater ganz naß
Zwerge so klein
Röschen so fein
Geißlein so flink
sag Name geschwind
ganz schön gefährlich
sind Märchen ganz ehrlich
zeigen ganz weise
die Lebensreise
erlebbar im Leben
nur anders eben
Märchen so wichtig
da oft so richtig!

Denkzettel

Denkzettel
machen wir uns.
Einen Zettel
zum Denken.
Ein für uns
denkender Zettel.
Zerknittert
in der Hosentasche,
im Einkaufskorb,
an der Pinnwand.
Zu viele ergeben
eine
Zettelwirtschaft
zum Erinnern!
Kennt man sich
darin noch aus?
Manche Denkzettel
bekommt man allerdings
verpasst.
An diese erinnert
man sich
am Besten.

Ausgewählte Gedichte von Alex:

Engel

Wenn alles Leben
Auf dieser Erde
Sich vor dir verneigt

Dann bist du
Ein Engel
Dann bist du
Das Licht.

Wenn all die Blumen
Auf dieser Erde
Sich in deinem warmen Schein
Neigen um zu gedeihen

Dann bist du
Ein Engel
Dann bist du
Das Licht.

Wenn du auf Wolken,
So weich wie Federn,
So süß wie Honig
Wandelst
Dann bist du
Ein Engel
Dann bist du
Das Licht.
Wenn du die Pforte
Zur ewigen Treue
Öffnen kannst

Dann bist du

Ein Engel
Dann bist du
Das Licht.

Wenn nur die Liebe
In dem Reich
In dem du wandelst
Herrscht

Dann bist du
Ein Engel
Dann bist du
Das Licht.

Das Licht der Liebe
Das Licht des Treue
Das Licht des Glücks
Das wärmende Licht!

Sehnsucht

Sehnsucht der Einsamkeit
Du brichst in mich ein,
Wartest nicht auf Zweisamkeit
Die beschützt von einem Schein.
Breitest dich aus
Mit voller Energie
Umhüllst mich ganz
Mit deiner Magie.
Zeigst mir die Wahrheit
Und auch allen Schmerz
Läßt mich allein
Mit einem einsamen Herz.

Macht

Mir sind die Hände gebunden,
Ich kann weder vor noch zurück,
Fühle mich hin und her gerissen,
Ich weiß kein Ausweg mehr.
Fange schon wieder an
Nur das eine zu wollen.
Bin gezwungen
Zu lügen und die Wahrheit
Zu vertuschen.
Ich kann weder vor noch zurück.
Es hat mich gepackt
Und hält mich fest
In seiner Macht.
Die Macht zu lügen,
Die Macht zu verbergen.
Ich kann weder vor noch zurück.
Fühle mich hilflos.
Suche was zum festhalten,
Doch
Es gelingt nicht.
Werde offener,
Werde verschlossener.
Ich kann weder vor noch zurück.
Es dreht sich.
Es dreht sich im Kreis der Macht
Und kommt nicht los.
Ich kann weder vor noch zurück.
Die Macht hat mich in ihrem Bann!

Der Fall

Ich stürze mich
In ein tiefgründiges Loch
Und kann
Von keiner liebenden Hand
Gehalten werden.
Es ist tief,
So tief
Und unergründet.
Zweifelt nicht an mir
Gebt mir Kraft
Gebt mir Mut
Um den Fall zu bremsen.
Er ist lang,
So lang
Und rasend schnell.
Streckt eure liebenden Hände
Nach mir aus
Und zeigt mir,
Daß ich nicht alleine
Falle!

Tränen des Waldes

Auf dunklen Wegen
Durch verdorrtes Gestrüpp
Wandelt ein Wesen
Dessen Herz nicht mehr liebt.
Es wandelt umher
In finsterer Nacht
Und findet kein Ausweg
Denn nichts ist vollbracht.
Es fängt an zu schweben
Über die Gräser des Lichts
Nun hängt es an ihm
Ob es will oder nicht.
Zur Fee oder Zur Hexe
In seinem Gesicht.
Wie soll es sich verhalten,
Schlecht oder nicht?

Nachts

Du liegst nun da
In deinem Sarg
Und denkst:
"Oh man,
Jetzt kommt's bald hart."
Da klopf es nun
Von Außen an
Du bekommst nen Schreck
Er klopf nun stärker
Doch du machst nicht auf
Nun macht er sich klein,
So klein wie ne
Maus.
Er beißt sich durch,
An einer Ecke.
Du versteckst dich
Und kriechst unter die Decke.
Ha, jetzt wachst du auf
In deinem Raum
Du weinst vor Glück,
Denn es war nur ein Traum!

Viele Fragen, keine Antworten

Trauer in meinem Herzen
Sie breitet sich aus
Es kommen Schmerzen,
Ich halte sie nicht aus.
Warum gerade ich?
Wieso nicht die anderen?
Was hab ich getan?
Warum muß ich so wandern?
Wer gibt mir die Antworten?
Das kann nur ein Held!
Auf dieser armen, trostlosen
Und verkorksten Welt.

Licht des Lebens

Kerze des Schicksals
Brenne mir Heim,
Leuchte für mich
Mit deinem warmen Schein.

In deiner Flamme
Steht was geschrieben
Über das Leben,
Denn du sollst dies lieben.

Sag mir wann,
Gib mir ne Zeit
Wie lange noch,
Wann ist es soweit?

Harmonie

So frei wie ein Vogel
Einfach nur fliegen,
Die Flügel im Wind
Durch das Reich der Wolken.

Weit und breit keiner zu sehen
Die Sorgen fallen lassen
Alles vergessen
Und einfach nur frei sein.

Ein gewisser Neid
Steigt empor
Keine Zwänge, keine Ängste
Sie leben in Harmonie.

Keiner allein
Jeder wird so akzeptiert wie er ist,
Man gehört dazu und wird geliebt,
Einfach so!

Schwere Zeiten

Alte Tore öffnen sich
Nie zuvor gesehenes
Wird auf einmal klar.
Schließe das Fenster,
Gehe in dich hinein
Und finde die Wahrheit.
Halte fest an einem Licht,
Auch wenn es weit in der Ferne lebt,
Aber es wird zu dir stehen
Und wird dich nie im Stich lassen.
Auch wenn die Zeit noch so schwer ist
Sich deine Stimmung nicht entscheiden kann
Wird es nach und nach klarer.
Nimm dir alle Zeit der Welt
Laß dich nicht beeinflussen
Aber hol dir Rat.
Rat von guten Freunden,
Denn sie stehen dir immer bei,
Egal wie schlecht es dir geht
Und die Zeit verrinnt!

Mit diesem Gedicht möchte ich allen danken, die mir in
schweren Zeiten bei Seite standen
und für mich da waren und auch noch da sind!
Hab euch lieb! *knuddel* Eure blackhag...

Der Todessee

Schatten liegen über dem See.
Nichts ist zu erkennen, außer dunkle Umrisse.
Eine Gestalt verborgen unter einem schwarzem Umhang.
Sie steht am Ufer und weiß keinen Ausweg mehr.

Traurig blickt sie auf den Grund des Sees.
Erspäht eine Leiche, ein Kind so zart im Alter von acht
Jahren.
Es spielte fröhlich, genau an der Stelle wo nun auch diese
Gestalt steht.

Es hatte ein kleines Boot mit einer Schnur, welches es
vom Ufer immer wieder wegstieß.
Bis es soweit war.
Die Zeit war einfach abgelaufen und es kam der Tod.
Er stellte sich in seiner dunklen und mächtigen
Erscheinung vor das Kind.

Das Boot blieb allein auf dem See zurück...
Die Gestalt sucht den Tod, sie will nicht mehr, aber ihre
Zeit ist noch nicht da.
So entschließt sie sich einen nicht ehrwürdigen Tod zu
sterben,
legte ihren Umhang ab und springt in den
schattenverhangenen Todessee.

Zurück bleiben nun das Boot und der Umhang.
Es wurden zum Gedenken an den Tod schwarze Rosen
gepflanzt,
welche die Ufergegend verdecken.
Schwarze Kerzen für den Weg in den Tod stehen auch
bereit.
Nun kann er kommen und uns alle mitnehmen,
alle die wir zum Todessee pilgern und dort verharren.

Hoffnung?

Ein Vorbote der Zeit
Hat mir das Spiel
Geschickt.
Ich wußte
Es wird wieder geschehen
Und die Zeit war da.
Die Macht hatte mich wieder
In ihrem Bann
Und ich kam nicht dagegen an,
Denn sie war stärker.
Und ich tat es!
Mein Wille war gebrochen
Es war alles zu spät,
Ich fühlte kein Schmerz.
Gibt es noch Hoffnung?

Ausgewählte Gedichte von Hans:
Herbst

Ich streif durch den Wald: Wohin geht mein Blick?
Geht er wie so oft nur zurück?
Denk ich daran, wie schön alles war,
als es noch früh' war in diesem Jahr?
Als alle Bäume voll waren mit Blüten,
als bei Jung und Alt die Herzen glühten?
Als der Himmel hing voller Geigen,
die Blätter sprießten bei Birken und Feigen?
Ach, waren Kindheit und Jugendzeit schön -
warum muss ich in den Lebensherbst gehen?

Vom Boden hebe ich auf ein Blatt:
Warum ist es nicht mehr grün und satt,
wie es im Sommer am Bäume gehangen,
so manchen Wind hat abgefangen?
Nun hat ein laues Lüftchen genügt,
dass das Blatt zu Boden fliegt.
Wie schön war doch die Sommerzeit,
ein blauer Himmel hat mich erfreut,
kein Wölkchen konnte den Himmel trüben -
ach wäre es immer nur Sommer geblieben!
Was ich begonnen, begann zu reifen,
ich konnte dies Wunder kaum begreifen.
Doch vieles mußte "vertrocknet" enden,
wie das Blatt in meinen Händen.
Da streift mich plötzlich ein Sonnenstrahl
ich schaue gen Himmel - mit einem Mal
erkenne ich den herbstlichen Zweck:
Die Blätter müssen von den Bäumen weg,
damit diese den Winter durchstehen,

sonst würde der Baum zugrunde gehen.
Er braucht wie wir diese Ruhezeit

damit er uns auch nächstes Jahr erfreut,
mit neuer Blätter- und Blütenpracht -
genial, wer sich diesen Plan erdacht!

So streif' ich weiter durch den Wald,
doch mache ich beim Rückblick nicht halt,
ich schaue gen Himmel ins herbstliche Licht,
bin einfach zufrieden: Mein Leben ist ein Gedicht!

Religion

... Auslaufmodell?
... Opium fürs Volk?
... Vertröstung ins Jenseits?
wenn Religion so definiert wird,
kann ich nicht mitreden!

Von Kind auf mitbekommen und erlernt,
die Religion unseres "christlichen Abendlandes",
die Regeln und Gebote eingeübt,
und so oft nicht eingehalten.
Versagen erkannt und vertuscht,
anderen in die Schuhe geschoben.
Und wenn es sonst keine Antwort gab
auf Schreckliches, Unvorhergesehenes,
dann den "lieben (?) Gott" herzitiert
und die Warum – Frage gestellt.
Was anderes habe ich nie ausprobiert,
keinen Cocktail gemixt
im Markt der religiösen Möglichkeiten.
Warum auch?
Stets muß ich etwas tun,
um eine Stufe höher,
um ins Paradies zu kommen,
und versage.
Dann der Wendepunkt:
Nicht mehr die Religion gesehen,
sondern den Lebendigen dahinter!
Nicht das eigene Erfüllen-Müssen,
sondern sein "es ist vollbracht"!
Nicht auf das oft verletzende Vorbild geachtet,
das sein Bodenpersonal abgibt,

sondern auf ihn selber geschaut,
wie er den von seinen Nachfolgern Verletzten

die Wunden heilt.
Ich habe seine Sprache verstanden;
es ist die Sprache der
Liebe

Diese Sprache erlerne ich jetzt,
werde sie wohl nie ganz beherrschen,
freue mich aber
über jeden Fortschritt darin.
In dieser Sprache gesprochen
sehe ich seine Regeln und Gebote:
kein Erfüllen-Müssen,
sondern in Liebe zu mir
aufgestellte Hinweisschilder.
Vor allem aber kann ich jederzeit
mit IHM in dieser Sprache sprechen.
Er selber ist der Beweis dafür,
daß selbst Sterben keine Grenze mehr ist.
Und ich will so klug sein
und in meinem Leben
das Sterben nicht aus den Augen verlieren.

Und wenn das alles
doch nur Einbildung ist?
Dann habe ich nichts verloren,
denn ich lebe erfüllt,
will nichts daran ändern.
Wenn sie aber stimmt,
die Sache mit dem Glauben,
dann habe ich alles gewonnen!
Religion
... das Modell mit Zukunft?
... Klarspüler für jeden einzelnen?
... Realität hier und heute?
wenn Religion so definiert wird,

dann kann ich mitreden!

Die Zeitung

Ich blättere in einer alten Zeitung,
schaue auf das Datum:
22. Januar 1988
Was war damals wichtig,
bleibend für mich?
Ich lese altbekannte Namen
im Zenit ihres Wirkens:
Genscher, Graf und Gorbatschow.
Heute sind sie schon beinahe
vergessen.

Manche Schlagzeilen fallen ins Auge:
Stuttgart plant eine Kunstausstellung
in Zusammenarbeit mit der DDR.
Im Wirtschaftsteil liest man von AEG.
Diese Kürzel stehen für etwas,
was es heute schon nicht mehr gibt.
Und bald sind auch diese Kürzel
vergessen.

Der Deutsche, so ist zu lesen,
spielt in seiner Freizeit am liebsten
mit Videospielen, Flipper und Tischfußball!
Also da muß ich schon schmunzeln,
denn heutzutage lockt das
keinen mehr hinter dem Ofen vor.
Wer heute keinen PC hat, kein Internet, kein Handy,
kann bald nicht mehr mitreden,
er wird
vergessen.
Das Fernsehprogramm von diesem Tag

paßt auf eine lächerliche Seite.

89

Das Kabelfernsehen
besteht aus SAT1 und RTL plus, das war's.
Das ZDF dreht gerade eine Serie über 'nen Pfarrer,
"mit Leib und Seele"
so wie die anderen Serien - Namen des Tages
ist auch diese heute schon längst eingestellt und
vergessen.
Ach, "meine" Bundesbank ist ja auch in der Zeitung!
Sie will die Preise stabil halten.
Kurz darunter ein Urlaubsangebot:
2 Wochen Teneriffa für 973 Mark.
Waren das noch Zeiten!
Ich denke auch sofort
an meinen letzten Tankstellenbesuch.
Also den Artikel mit den stabilen Preisen kannste
vergessen.
Heute furchtbar wichtig
und morgen schon veraltet.
Bleibt denn nichts beständig?
Wie oft bin ich fast am Ertrinken
in der Informationsflut!
Wonach suche ich denn eigentlich?
Nach irgendeiner wirklich GUTEN Nachricht?! In der Zeitung
finde ich sie wohl nicht,
denn die Presseleute sagen:
Gold News Are Bad News -
gute Nachrichten verkaufen sich nicht,
sind für viele uninteressant
und werden viel zu schnell vergessen.
Die wirklich gute Nachricht
dieses bestimmten Tages,
die damals wirklich wichtig war,
bleibend für mich,
und seither mein Leben mitprägt,
diese Nachricht steht leider nicht in der Zeitung.
Aber trotzdem ist sie für mich

unvergessen.
An diesem Tag bin ich Papa geworden!

Hände

Ich schaue mir meine Hände an,
und denke: was habt ihr schon alles getan!
An vieles erinnere ich mich selber nicht,
und manches war beileibe kein Gedicht!

Ich habe damit manchen Hände-l begonnen,
manches ist mir in den Fingern zerronnen,
hab manches erst durchs Greifen begriffen,
hab manche ge- und mir manches ver-kniffen.

Hab manchmal - das wag' ich jetzt kaum zu sagen -
meine Hände auch benutzt zum Schlagen,
ob aus Notwehr, Erziehung oder aus Wut,
meinen Händen und mir tat das gar nicht gut!

Zur praktisch – werkelnden Handarbeit
sind meine Finger nicht gerne bereit,
denn wie ich es auch drehe und wende,
dafür hab' ich zwei linke Hände!

Doch nicht nur Schlechtes ich berichten muß,
manche Tat hat auch Hand und Fuß.
Mit den Händen ist's wie mit dem ganzen Leben,
es tut auch viel Gutes, Handfestes drin geben!

Mit meinen Händen streichle ich gerne,
weil ich es immer wieder neu lerne:
bei Babys, Erwachsenen und den Alten
ist's oft das beste, einfach die Hände zu halten.
Ich handele gerne durchs Musizieren,
selber-spielen oder Dirigieren,

hab mit meinen Händen für meine Lieben
schon manchmal ein Lied oder Gedicht geschrieben.

Meine Hände
zerkratzt, geschnitten, vernarbt, geschunden,
mit dem Schmerz 'ne hand-feste Erfahrung gemacht,
doch jede Be-hand-lung hat mich weitergebracht.

Doch am liebsten - das mag mancher für seltsam halten -
benutze ich meine Hände zum Falten.
Denn damit will ich mich sichtbar wenden
an den, der mich hält - in besten Händen!

Fünf Sekunden

Ich stehe in der S - Bahn,
schaue durch die geöffnete Türe.
Da erkenne ich eine Pflanze.
Sie hat in der Stein- und Schotterwüste
das Licht der Welt erblickt.
Ist trotz widrigster Umstände
gewachsen.
Jetzt schaut sie schon ganz frech
über die Bahnsteigkante.
Ein Fünf - Sekunden - Erlebnis,
denn die Türe geht zu,
die S - Bahn fährt mich zur Arbeit.

Zuerst denke ich:
Arme Pflanze,
was hat das für einen Sinn?
Bist du nicht fehl am Platz?
Über kurz oder lang ist deine Zeit gekommen,
und du wirst zertreten,
ausgerupft oder vergiftet.
Doch dann halte ich inne:
ICH habe mich gefreut,
über das Grün im künstlichen Grau,
über das Leben mitten in der steinernen Wüste.
Und ich beginne
dem Schöpfer der Pflanze zu danken.
Das Dasein dieser Pflanze
hat sich gelohnt.
So wird mir dieses Fünf-Sekunden-Erlebnis
mit der Pflanze zu einem Bild:

Oft sehe ich die Wüste um mich herum,
die Kälte und Teilnahmslosigkeit

in den Augen der Mitfahrenden,
den Hunger nach Aufmerksamkeit,
den Durst nach Liebe und Zuwendung.
Fühle mich selber so oft
erschöpft, erschlagen.
Mag einfach nicht mehr weiter.
Ich brauche etwas, jemanden,
der mich wieder aufrichtet.
Und sei es auch nur
für fünf Sekunden...

Ich selber möchte fürs Leben gerne
anderen solch eine Pflanze sein!
Ein kleiner Lichtblick
im Alltags - Grau.
Weiß selber um mein kurzes Dasein,
bleibe für viele unbeachtet,
bin vielleicht für manche
fehl am Platz.
Doch wenn ich für EINE, für EINEN
Anlaß werden darf
für ein Fünf-Sekunden-Erlebnis,
das zu einem "zurück zum Schöpfer" führt,
zu einem dankbaren Lächeln,
zum Weitergehen auf dem Weg
dann haben sich nicht nur diese fünf Sekunden,
dann hat sich mein ganzes Leben
gelohnt.

Kleines Fünkchen

Kleines Fünkchen Glaube,
in dir steckt Energie.
Wenn sie groß genug ist,
werden Berge versetzt!
Auch die Berge,
die das Tal, durch das ich wandere,
so unheimlich, so dunkel erscheinen lassen.

Kleines Fünkchen Hoffnung,
in dir steckt ein verbliebener Rest
von strahlendem Licht.
Erst wenn du erloschen bist,
dann ERSCHEINT es mir nicht nur dunkel,
dann IST es wirklich
finster und leer und tot,
in mir und um mich.

Kleines Fünkchen Liebe:
in dir steckt Wärme.
Du bist der Motor des Lebens,
ohne dich ist alles nichts.
Du bringst Kälte zum Schmelzen,
machst Hartes wieder weich.

Ich möchte so gerne strahlend hell sein,
und habe es doch eben erst selbst erlebt,
wie mir die Energie fast völlig verloren ging,
wie mich fast völliges Dunkel umgab,
wie mir an einer Stelle
nur noch mein Fünkchen Hoffnung blieb.
Ich flehe die, die es könnten,

die mich in der Hand haben, an:
Bitte bringt mir mein Fünkchen nicht zum Erlöschen!

Ja, es ist wirklich wahr:
zuletzt bleiben nur noch die kleinen Fünkchen
von Glaube, Hoffnung und Liebe!
Ich will, daß aus meinem kleinen Fünkchen
wieder ein großes Licht wird:
voll Energie, Licht und Wärme.
Will erkennen, wo jemandem
sein kleines Fünkchen auszugehen droht.
Will diesem Menschen dann so nahe sein,
daß von meinem kleinen Fünkchen
ein zündender Funke überspringt

Bilanz

Der heutige Tag ist ganz geschickt,
dass man einmal nach hinten blickt
und alle Dinge zieht in Betracht,
die man im Laufe des Jahres gemacht.
Darum will auch ich mich bemühen
hier und heute Bilanz zu ziehen!

"Bilanz" heißt auf deutsch ganz einfach: "Waage",
und deshalb stellt sich als erstes die Frage:
Was muss womit im Gleichgewicht stehen? -
Zur Antwort hab' ich mich umgesehen
Bei 'ner echten Bilanz, wie zum heutigen Tag
Wohl fast jeder Betrieb sie aufstellen mag.

Dass sie zwei Seiten hat, ist uns bekannt,
"Aktiva" und "Passiva" werden sie genannt.
Die Aktiva - links - geben alles an,
was man als Vermögen bezeichnen kann.
Da ist zum Beispiel das Geld in der Hand
Oder das auf dem Konto - Buchgeld genannt.
Grundstücke, Häuser, Firmenwagen,
Waren, Aktien, sonstige Anlagen;
Auch Forderungen weist man hier aus,
das ist Geld, das erst später kommt ins Haus.

Auf der Aktivseite wird also beschrieben:
Wo ist all' das Geld geblieben,
wofür wurde es verwendet,
ausgegeben oder verschwendet?
Doch wo es herkommt, liebe Leute,
das zeigt uns die Passivseite!

Manches davon kommt aus eigener Hand
Und wird darum Eigenkapital genannt.
Steht man bei andern der Kreide,
nennt man das Verbindlichkeiten.
So zeigt sich schnell im Überblick,
was gehört mir, was kriegen andere zurück?

Zuletzt zieht man noch den Erfolg in Betracht:
Hab' ich Gewinn oder Verlust gemacht,
stehe ich heute besser da
oder schlechter als im letzten Jahr;
hab' ich mein Kapital vermehrt
oder wurde es aufgezehrt?

"Was hat" - werdet ihr mich jetzt wohl fragen -
"das Ganze mir denn nun zu sagen?"
Als Antwort möcht' ich ein paar Positionen
interpretieren - ich glaube, es wird sich lohnen!

Auf die Aktivseite, so hab' ich erklärt,
die Mittelverwendung hingehört.
Was hat die Firma, nach mir benannt,
denn so alles in seinem Bestand:
'ne Wohnung, 'n Konto, 'n Radio, 'ne Uhr -
all' dies Materielle ist ein Teil nur;
viel wichtiger sind wohl all' die Sachen,
die das Unsichtbare ausmachen:

Was besitz' ich an Güte, an Freude,
an Mitleid, an Liebe für die Leute,
an Kraft, an Geduld, an Glück, an Mut -
aber auch an Dingen, die gar nicht so gut? -
all' diese Sachen, das ist klar,
kann man nicht bewerten, weil unsichtbar.

Wohl deshalb gelten diese "Werte" nicht viel
im menschlichen Alltags-Rumgewühl.
Und doch wird manches davon, wie bekannt,
von Gottes Wort "Frucht des Geistes" genannt.
Nach diesen sollen wir Christen streben,
um sie im Alltag auszuleben
in möglichst aktiver Manier,
doch wie leb' ich's aus, und wie steht's bei Dir?
Ist es uns dieses Jahr geglückt,
dass wir viel solcher Früchte gepflückt?

Mit diesen "Früchten" will ich anfangen,
zur Passivseite zu gelangen.
Sie sind ja von Gottes Heiligem Geist.
Ihr müsstet jetzt merken, was das für uns heißt:
der Passivseite bleibt's ja benommen,
uns aufzuzeigen, wo die Mittel herkommen.
Meine Bilanz muss unweigerlich zeigen:
Die meisten Mittel sind nicht mein eigen!
Das meiste kommt von meinem Schöpfer,
ich bin sein Schuldner - doch er ist kein Schröpfer!
Mein Leben lang darf ich bei ihm borgen;
so hab' ich vor ihm weder Angst noch Sorgen.

Wenn man dabei auch noch bedenkt,
dass Gott uns allen das Leben geschenkt,
Gesundheit und Segen noch dazu,
so stellt sich doch die Frage im Nu:
wo bleibt das Eigenkapital?
Was von mir selbst kommt, scheint minimal.
So müsst' es auch im Leben sein,
Sein Anteil groß und meiner ganz klein.
Dass er dabei noch wachsen muss,
und ich abnehmen, bis zum Schluss!!

Mein Kapital wird also aufgezehrt,
und dies bedeutet, wie vorhin erklärt,
dass ich jedes Jahr nur "Miese" mache -
doch aufgepasst auf die folgende Sache:
Lass ich mir was zu-schulden kommen,
werden diese übernommen
von dem, der gegen jedermann
sich für mich verbürgen kann.
Weil er sie bezahlt hat, werden beizeiten
getilgt all' meine Verbindlichkeiten.
So rettet mich Jesus in Seiner Treue
vom alten Jahr hinüber ins neue!
Es hat noch keiner Konkurs gemacht,
der ihm seine Schuld gebracht!
So möchte ich auch Dir empfehlen,
dich mit Schuld nicht herumzuquälen,
sondern sie ganz dem zu geben,
der erfüllen will Dein Leben.
Dann stimmst auch du in mein Motto mit ein:
Mit Christus ins neue Geschäftsjahr hinein!

Sterben

Es stirbt die Natur
und wir schaufeln weiter munter an ihrem Grab

Jeden Abend stirbt der Tag
und wir können nichts daran ändern

Alte Menschen sterben
und viele denken: ihre Zeit ist abgelaufen

Unschuldige sterben
als Opfer sinnlosen Krieges und Terrors wahllos herausgesucht

Kinder sterben
ohne dass sie die Chance bekamen, auf die Welt zu kommen

Immer wieder stirbt jemand
der mir liebgeworden ist und sehr nahe stand

Beziehungen sterben
weil sie an Gleichgültigkeit und Kälte zugrunde gehen

Es stirbt die Hoffnung
doch zum Glück immer erst zuletzt, wenn überhaupt

Ich frage seufzend den der sagt dass er das Leben ist:
wann endlich stirbt denn der Tod?

Zum Abschluß noch 2 weihnachtliche Gedichte von Ingo:

Gedanken zur Weihnacht

Die Tage werden kürzer, es wird kälter
Weihnachtsstimmung das kann schon sein
Die Menschen werden freundlich
Man hört sein eigenes schlechtes Gewissen
Den armen Menschen aber ist es egal
Sie brauchen das ganze Jahr Unterkunft und Essen
Das geschieht alle Jahre wieder
Jedesmal das gleiche Spiel
Geschenke, Präsente, die eigentlich keiner braucht
Alles nur für den Familienfrieden
Drei Tage im Jahr Zusammenhalt und Verständnis
Warum geht das nicht die restlichen Tage des Jahres
Einsamkeit zu Weihnachten erweckt Mitleid
Was nutzt es, wenn man danach doch wieder alleine ist
Von weißer Weihnacht kann man nur noch träumen
Unser Wohlstand hat uns das beschert
Weihnachten ohne Schnee ist wie eine Ehe ohne Liebe
Weihnachten wie früher das wär echt schön
Keine Hektik, kein Streß, kein Familiendrama
Geschenke, die noch von Herzen kommen
Lebkuchen, Printen und auch etwas Liebe
Die Geschäfte kalkulieren nur noch ihren Gewinn
Aber macht Weihnachten so eigentlich noch Spaß
Eines weiß ich und das ist für mich klar
Ich feiere Weihnachten nicht nur einmal im Jahr

Bescherung am heiligen Abend

Es ist Heiligabend, früh am Morgen
Die ganze Nacht schlecht geschlafen
Vor lauter Aufregung kein Auge zu gemacht
Denn heute ist Bescherung, es gibt schöne Geschenke
Die Zeit bis dahin dauert unendlich lang
Zunächst das Zimmer aufräumen
Nur zu ordentlichen Kindern kommt das Christkind
Nach dem Mittagessen schlafen gehen
Wie denn, ich bin doch so nervös
Fernsehen schauen, ein bißchen Karten spielen
Danach baden um gut auszusehen
In Anziehsachen schlüpfen, die kratzen und kneifen
Das Schönste ist für Weihnachten gerade gut genug
Mit dem Auto fahren zur Kirche zum Gottesdienst
Der dauert natürlich wieder unendlich lange
Auf dem Heimweg stille Freude auf das was gleich kommt
Zu Hause erst mal die Jacke ausziehen
War das Christkind denn schon da?
Adventsmusik, ein kleines Glöckchen, es ist soweit
Die Wohnzimmertür öffnet sich, ich schaue hinein
Ein traumhaft schöner Tannenbaum,
Darunter die Geschenke
Ich will sie alle öffnen, am liebsten gleichzeitig
Ist denn alles richtig ?
Oder war der Wunschzettel so undeutlich geschrieben
Wichtig ist mir nur, das es von Herzen kommt
Aber es ist jedes Jahr schön
Ob für groß oder klein, alt oder jung
Eine Bescherung kann es nur zur Weihnacht geben

Kurzporträts:

Ingo:
Ingo Fischer 31 Jahre wohnt in Duisburg. Er arbeitet seit 7
Jahre in der Pflege, seit 2 ½ Jahren als Altenpfleger.
Schreibt seit 1994 Gedichte/Gedanken. Holt sich sehr viele
Ideen aus der Musik und Kinofilmen
Homepage: www.ingofischer.de

Heike: 34 Jahre alt, Erzieherin, verheiratet, Mutter
von zwei Söhnen. Sie lebt mit ihrer Familie in einem
kleinen Dorf in Rheinland-Pfalz. In ihrer
Teenagerzeit schrieb sie einige Gedichte und ihre
Muse lebte wieder auf, als sie in den Gedichte-Club
eintrat. Bis dahin sammelte sie Werke anderer
bekannter und unbekannter Poeten. Heike ist kreativ
und widmet sich gerne ihrem Hobby, der Kalligraphie.
Im WWW präsentiert sie sich auf einer eigenen
Homepage: www.mypage33.de.vu <<

Alex: Alex hat am 15.03.1983 das Dunkle der Welt erblickt.
Sie ist nun 18 Jahre alt. Zur Zeit absolviert sie eine 2 jährige
Ausbildung zur kaufmännischen Assistenten in
Wirtschaftsinformatik.
Sie schreibt seit ein paar Jahren vornehmlich melancholische
düstere Gedichte
Homepage: www.blackhag.de

Hans: bobbili - so heiße ich, weil wir Freiburger so
genannt werden. Ich bin Jahrgang 1961, verheiratet und
habe 4 Kinder. Beruflich bin ich als Beamter bei der
Deutschen Bundesbank tätig. Gedichtet habe ich "schon

immer", aber intensiviert wurde das ganze durch den Gedichte-Club bei Yahoo. Wer mehr wissen will: einfach bei www.bobbili.de nachschauen!